ÉDOUARD DE PERRODIL

# Les Rumeurs de Paris

AVEC UN PORTRAIT DE L'AUTEUR

PAR P. FRANC LAMY

PARIS
LÉON VANIER, LIBRAIRE-ÉDITEUR
19, QUAI SAINT-MICHEL, 19

1893
Tous droits réservés.

# Les Rumeurs

DE PARIS

DU MÊME AUTEUR

MÊME ÉDITEUR

---

**LES ÉCHOS, poésies . . . 3 fr.**

Nouvelle édition, revue et corrigée (1891)

ÉDOUARD DE PERRODIL

# Les Rumeurs

## DE PARIS

AVEC UN PORTRAIT DE L'AUTEUR

PAR P. FRANC LAMY

PARIS
LÉON VANIER, LIBRAIRE-ÉDITEUR
19, QUAI SAINT-MICHEL, 19

1893
Tous droits réservés.

## AU JARDIN DES PLANTES

> Caravansérail de toutes les races animales, végétales et minérales du globe. Voilà ce jardin unique où les cinq parties du monde se sont donné rendez-vous par leurs productions dans tous les ordres de la nature.

Fauves grondeurs, lions, tigres royaux, panthères,
Jaguar à l'œil de feu, chat sauvage, chacal,
Maîtres du lieu sont là, sombres et solitaires,
Et semblent regretter leur soleil tropical.

Quelques-uns, agités dans leurs prisons étroites,
Vont et viennent, toujours, interminablement;
D'autres, debout soudain, et les oreilles droites,
Fixent l'un des gardiens qui passe en ce moment.

Les autres sont couchés, nonchalants en leurs cages,
Le cou tendu, la tête appuyée en avant,
Les fauves étalant leurs superbes pelages,
La paupière alourdie, assoupis et rêvant.

Ailleurs, c'est l'éléphant que la foule environne ;
Devant elle planté, de sa trompe il reçoit
Les parcelles de pain que sans cesse on lui donne,
Tandis que son œil gris reste placide et froid.

Au même enclos parqué, plongeant dans une eau sale,
De moments en moments par les naseaux soufflant,
L'hippopotame sort sa tête colossale,
Plus hideux qu'un reptile, immonde et ruisselant.

Et les buffles aussi sont là que l'on regarde,
Leur attitude est morne et leur air hébété ;
La girafe non loin, malgré sa taille, garde
Son aspect de modeste et pauvre majesté.

Sous la grille de fer qui se dresse grandiose,
Au-dessus des massifs et des arbustes verts,
Bizarrement s'agite et jamais ne se pose
Un peuple composé de cent types divers ;

Types aux yeux mauvais, à face presque humaine,
Dont la voix éraillée a des tons déchirants,
Qui plus prompts que l'éclair, franchissent leur domaine
Avec des gestes brefs, brusques et grimaçants :

Des épaisses forêts ce sont ici les hôtes,
Singes, hommes des bois, êtres mystérieux,
Chez qui certains ont vu, sans doute pour nos fautes
Notre propre origine et nos premiers aïeux.

Un groupe populaire à l'entour les admire,
Et ce sont des éclats d'un rire tapageur,
Chaque fois que l'un d'eux, comme pris de délire,
A ses contorsions se livre avec fureur.

Voici le sanctuaire où dorment les reptiles,
Pareils aux dieux païens sur leurs anciens autels,
Ils ne s'épuisent point en efforts inutiles,
Impassibles, glacés comme les immortels.

Là toujours on conserve une lourde atmosphère,
Tandis qu'enveloppés dans leurs langes épais,
Du boa gigantesque à la grêle vipère,
Tous ils rêvent sans fin dans le calme et la paix.

Au dehors, entassés sans mouvement, inertes,
Les caïmans sans rien sentir et sans rien voir
Reposent au soleil, à côté des eaux vertes,
Vertes de moisissure au fond d'un réservoir.

Esclaves maintenant, jadis rois des espaces,
Les aigles, les vautours et les condors géants,
Aux instincts carnassiers, aux appétits rapaces,
Dont l'œil froid se complaît aux abîmes béants,

S'épuisent lentement, dévorés d'impuissance,
Le regard vaguement fixé sur l'infini,
Comme s'ils regrettaient, mais d'un regret immense,
Cet air pur dont chacun à son tour fut banni.

Et toi hibou, salut, sombre oiseau des ténèbres,
Prophète de malheur, songeur mystérieux,
Tu meurs de ne pouvoir au sein des nuits funèbres
Dire ton chant de mort à quelque malheureux.

Eux, plus docilement soumis à l'esclavage,
Enchaînés aux perchoirs, les perroquets siffleurs,
Toujours l'air en courroux, jettent leur cri sauvage
Etalant, pleins d'orgueil, leurs criardes couleurs.

Et partout des oiseaux de formes infinies,
Cigognes, cormorans, flamants roses au bec
Qui se replie ainsi que les feuilles flétries,
Echassiers haut perchés du plus bizarre aspect.

Et tout petits oiseaux aux plumes merveilleuses,
Vifs, joyeux, frétillants, coquets et babillards
Par leurs mille façons, des foules curieuses,
Des promeneurs charmés, reposent les regards.

Raccourci d'univers, monde étrange où chaque être
Du tigre carnassier au plus modeste oiseau,
Devant le créateur atteste et fait connaître,
La puissance de l'homme en cet Eden nouveau.

## LE CHEVAL DE FIACRE

RONDEL

*A. M. Gabriel de Combes.*

Il s'est laissé choir, c'est fini !
Il est bien là, qu'il se repose.
Celui-là, de son œil terni
N'aura pas vu les jours en rose.

Toujours battu, cinglé, honni,
Sans jamais en savoir la cause,
Il s'est laissé choir, c'est fini !...
Il est bien là, qu'il se repose.

Le voici mort, Dieu soit béni !
Que maintenant quelqu'un, s'il l'ose,

Sur ce cadavre racorni
Rêve de la métempsycose ;
Celui-là, de son œil terni,
Ne verra pas les jours en rose.

Février 1892.

# LES MALADES AUX ABATTOIRS

*A. M. Georges Bouteiller.*

Dans la cour longue et large, aux infectes odeurs,
Que traversent les cris des animaux qu'on tue,
Pâles et languissants et la mine abattue,
Viennent d'un pas très lent les malades songeurs.

Sur les côtés, au fond, s'échelonnent les stalles
Où pendus à des crocs et serrés sur deux rangs
De lourds lambeaux de chair s'étalent tout sanglants,
Et d'où sort un sang noir qui roule sur les dalles.

Armés de coutelas ou de pesants maillets,
Çà et là des bouchers, tachés jusqu'à la tête,
Vont et viennent : chacun au massacre s'apprête,
Géants aux bras de fer, en hercules taillés.

Voici que lentement, un masque sur la face,
On amène un bœuf roux, un bœuf énorme et lourd :
Hommes, femmes, enfants se pressant à l'entour,
Emus, le verre en main, viennent prendre leur place.

A son anneau fixé, l'animal est debout;
Chacun s'avance encor, tend sa main maigre et pâle ;
Le boucher frappe au front, le bœuf tremble et s'affale
Tandis qu'au même instant, l'aide lui fend le cou.

Un flot épais jaillit de cette source vive.
Tous alors, les voici, le verre débordant,
Eclaboussés, hideux, la bouche dans le sang,
Vite, vite, buvant, la face convulsive.

Dans la cour longue et large aux infectes odeurs,
Que traversent les cris des animaux qu'on tue,
Pâles et languissants et la mine abattue,
S'en vont d'un pas très lent les malades songeurs.

# A LA MORGUE

*A mon ami Henri Farman.*

Je ne sais pas vraiment par quelle
Rencontre du hasard un jour
Je vins à passer devant elle,
Des groupes causaient à l'entour.

Malgré l'effroi qu'elle m'inspire,
J'entrai sans hésitation.
Pourquoi ? Je ne le saurais dire :
Je n'avais aucune raison.

Toujours amoureuse du drame,
La foule sans émotion
Devant les restes d'une femme,
Etait en contemplation.

Elle était sur son lit de pierre
La reine de ces lieux maudits,
Dans l'immobilité dernière,
La face au ciel, les bras raidis.

Sa longue et brune chevelure,
Superbe sans doute autrefois,
Présentait une masse impure
Vaseuse et noire par endroits.

Des boursouflures violettes
Lui faisaient un masque hideux ;
D'exsangues, vitreuses fossettes
Tenaient la place de ses yeux.

Les lèvres toutes convulsées
Découvraient sa dentition,
Ainsi qu'en un rictus glacées ;
Le rictus de la passion.

Ses seins nus, désormais sans âme,
Etaient informes, ramassés,
Comme si des désirs de flamme,
A la fin les avaient brisés.

Les vêtements étaient semblables,
Après leur séjour sous les eaux,
Aux haillons les plus misérables,
Aux plus immondes oripeaux.

Lugubre, macabre assemblage,
Fantastique apparition ;
De l'amour trahi triste image
Et douloureuse vision.

Ce fut par une nuit très sombre,
Nuit d'invincible désespoir,
Que des passants ayant vu l'ombre
S'agiter sur le fleuve noir,

Après des travaux et des peines,
Après d'inutiles efforts
Et des fatigues surhumaines
Ramenèrent enfin ce corps.

Devant ces restes d'une amante
La foule sans cesse passait,
Et s'en allait indifférente,
Car nul ne la reconnaissait.

On ne trouva, dit-on, sur elle
Que le secret de son malheur;
Elle léguait à l'infidèle
Une dernière fois son cœur.

# C'EST UN CHIEN MORT

RONDEL

*A Edmond de Goncourt.*

Ce ventre boursouflé qui flotte
Dans l'eau sale, c'est un chien mort;
Les pattes en l'air il ballotte,
En heurtant doucement le bord.

Il se prélasse, il se dorlote
Il se dodeline et s'endort.
Les pattes en l'air il ballotte,
En heurtant doucement le bord.

En un remous cette pelote
De chair morte tourne très fort,

S'enfonce, puis remonte et sort
De l'écume verte, et clapote.
Ce ventre boursouflé qui flotte
Dans l'eau sale, c'est un chien mort.

# LE MARCHAND DE MARRONS

*A M. Maurice La Chesnais.*

Chauds, chauds, les marrons, chauds !

Blotti dans sa niche embaumée
Du parfum des marrons brûlants,
Bronzé, noirci par la fumée,
Heureux de ses nombreux chalands,
Sur son poêle de braise ardente
Depuis le matin jusqu'au soir,
Il travaille sans s'émouvoir,
Qu'il pleuve, grêle, gèle ou vente.

Chauds, chauds, les marrons, chauds !

# LE MARCHAND DE MARRONS

A peine l'hiver et la brume
Ont-ils paru, que sans retard,
Voici son poêle qui s'allume,
Brillant sous l'humlde brouillard.
Ainsi qu'au printemps l'hirondelle,
Il revient à chaque saison
Nous dire sa courte oraison,
Invariable ritournelle :

Chauds, chauds, les marrons, chauds !

C'est l'éternelle chansonnette
De toute heure, de chaque instant,
L'unique refrain qu'il répète
Sans trêve tout le jour durant.
Parfois quand par la rue obscure
Vous allez, pensif, vers le soir,
A votre oreille dans le noir
Soudain éclate le murmure :

Chauds, chauds, les marrons, chauds !

Il égaye de sa présence
Le funèbre hiver de Paris,

L'hiver à la morne apparence,
L'hiver éternellement gris.
Peut-être est-ce longue habitude,
Mais quand viennent les sombres jours,
Les froids, les neiges, j'ai toujours
Aimé le son de sa voix rude.

Chauds, chauds, les marrons, chauds !

# AU CHATEAU-ROUGE

Du Château-Rouge
C'est l'affreux bouge
Où vient Satan
Chanter et boire,
Quand la nuit noire
Partout s'étend.

Hideuses goules, rouges trognes,
Rustres, pleutres, gueux et truands,
Loqueteux, guenilleux, ivrognes,
Pendards, soudards tonitruants,
Avec la nuit tombent ensemble
En ce borgne recoin d'enfer :
C'est le grand conseil qui s'assemble,
Le grand conseil de Lucifer.

            Du Château-Rouge
            C'est l'affreux bouge
            Où vient Satan
            Chanter et boire,
            Quand la nuit noire
            Partout s'étend.


C'est ici que rend ses oracles
La troupe des noirs scélérats ;
C'est ici la cour des miracles
Où le crime prend ses ébats.
Chacun, franc gibier de potence,
Y donne à son tour son avis ;
Car il s'agit qu'avec prudence
Tous les forfaits soient accomplis.


            Du Château-Rouge
            C'est l'affreux bouge
            Où vient Satan
            Chanter et boire,
            Quand la nuit noire
            Partout s'étend.

Quand a sonné l'heure tardive,
Alors sous les libations,
Du Diable chaque noir convive
Jette ses malédictions.
Hommes et dieux, terre, ciel, monde,
Saisis dans le souffle du mal,
Sont maudits par la troupe immonde
Prise d'un rictus infernal.

  Du Château-Rouge
  C'est l'affreux bouge
  Où vient Satan
  Chanter et boire,
  Quand la nuit noire
  Partout s'étend.

Puis succèdent aux chants obscènes
Les airs aux bachiques refrains,
Les Mimiques louches, les scènes
Et les débraillements sans freins ;
Sinistre et fantastique orgie,
Saturnale aux lourdes vapeurs
D'âcre djinn et de tabagie,
Ivresses de démons vainqueurs.

Du Château-Rouge
C'est l'affreuse bouge
Où vient Satan
Chanter et boire,
Quand la nuit noire
Partout s'étend.

Et quand sous la froide lumière
Chacun par l'orgie épuisé
Laissant retomber sa paupière,
Sur le sol nu s'est affaissé,
Il n'est pas de tristesse égale
A celle de ce lieu perdu,
De cet asile impur où râle
Le crime par l'excès vaincu.

Du Château-Rouge
C'est l'affreux bouge
D'où Satan fuit,
Quand vient l'aurore,
Blafarde encore,
Chasser la nuit.

# SUR LE PONT ROYAL

### RONDEL

*A M. Anatole France.*

C'est un passant oisif qui contemple en rêvant
Un morceau de bois mort flottant au fil de l'onde,
Ou quelque détritus, quelque débris immonde,
Ou même un rond que l'eau fait en tourbillonnant.

Il n'est plus seul ; ils sont deux maintenant,
Puis trois, quatre, cinq, dix, puis vingt, puis tout un monde
Pour voir un détritus, quelque débris immonde,
Ou même un rond que l'eau fait en tourbillonnant.

Tous semblent captivés, et d'un regard ardent
Fixent le fleuve noir, comme si l'eau profonde

Dérobait à leurs yeux un secret émouvant.....
Et ce n'est qu'un oisif qui contemple en rêvant
Un morceau de bois mort flottant au fil de l'onde.

# LE GAVROCHE

*A mon frère Charles.*

Il erre en toute liberté
Sans aucun but, tel qu'une épave,
Le teint blême, l'air effronté,
    L'œil dur et cave.

Fier, dédaigneux, indifférent,
Et narguant la foule affairée,
Il va tranquille et d'un pas lent
A travers la rue encombrée.

Voyez-le tout dépenaillé
Cigare au bec, main à la poche,
Ecoutez son rire éraillé
    Son rire de Gavroche.

Il connaît toujours tout très bien,
Jamais nul objet ne l'étonne ;
Il ne s'émeut jamais de rien
    Ni de personne.

En guise de distraction
Parfois de sa voix creuse il lance
Le refrain de quelque chanson,
    Plein d'insolence.

Si, sans y songer, par hasard,
Vous vous trouvez sur son passage,
D'un trait, tout d'abord, son regard
    Vous dévisage.

Et vous êtes, n'en doutez point,
    Un heureux sire,
S'il passe sans prendre le soin
    De vous rien dire.

Il ne connaît de son destin
Que ce qu'en apporte chaque heure,
Jamais il ne sait, le matin,
    Où sera le soir sa demeure.

Roi de la Révolution,
Il attend que son heure sonne
Pour reprendre possession
    De la Couronne.

# UNE COUR D'ASSISES

*A M. Melchior de Vogüé.*

Les trois juges muets gravement sont assis ;
 Comme formés de roc, nul de leurs traits ne bouge,
Ils sont raides et secs en leur vêtement rouge
Et regardent sans voir, sous le grand crucifix.

A leur droite est celui dont la parole amère
Ne connaît rien sinon la prison ou la mort.
Les douze, qui font seuls le bon ou mauvais sort,
Siègent auprès, l'air grave et l'attitude austère ;

Puis, à gauche, celui qui demande pitié,
Grâce et pardon pour l'homme à la face blêmie
Sans force, échoué là, sur le banc d'infamie,
Par la honte et la peur vingt fois supplicié.

Tout est fini. Les douze ont prononcé. Le juge
A l'accusé, debout par un suprême effort,
Sans nulle émotion vient d'annoncer la mort.
Et puis plus rien, c'est fait, comme un lot qu'on adjuge.

Personne maintenant. Sombre et seul le grand Christ
Reste là, suspendu contre le mur de pierre.
— Dieu qui seul sais le juste et seul vois la lumière,
Quand le juge a parlé pourquoi n'as-tu rien dit ?

# UNE EXÉCUTION CAPITALE

De tous côtés roule
La bruyante foule
Aux propos hideux,
Cynique sans honte
Vers la prison monte
Par groupes nombreux.

Immense débauche,
De droite et de gauche
Par tous les chemins,
Sans fin l'on se presse ;
Il en vient sans cesse
De ces flots humains.

## UNE EXÉCUTION CAPITALE

Quelle est donc la fête
Qui là-haut s'apprête
Attirant ainsi
A cette heure sombre
Un semblable nombre
D'oisifs par ici?

Quelle est la merveille
Rare, sans pareille,
Qu'ainsi, chaque soir,
Avec une rage,
Une ardeur sauvage,
Tous ils veulent voir?

Car la tourbe immonde
Accomplit sa ronde
Depuis quinze nuits,
Toujours dans l'attente
Et plus frémissante
De ses longs ennuis.

Cette fois en masse
La foule s'amasse
Car partout l'on dit,

Redit et répète
Que la grande fête
Est pour cette nuit.

Or voici la fête :
Devant la Roquette
Demain, au matin,
Le bois du supplice
Y fera justice
D'un vil assassin.

La nuit est venue
L'affluence accrue
Se presse plus fort ;
Maintenant la foule
Fait comme la houle
Sous les vents du Nord.

Entassement sombre
De têtes sans nombre
Dont le flottement
S'étend, se prolonge,
Tel qu'un mauvais songe,
Indéfiniment.

Et comme elle est lasse,
Cette populace
Alors, par instants,
Aux chansons, comme ivre,
Follement se livre
Pour tromper le temps.

Refrains populaires,
Clameurs sanguinaires
Telles qu'autrefois
Aux jeux des Arènes,
Des plèbes romaines
Les cent mille voix.

Pourtant morne et lourde
D'une marche sourde
Et presque sans bruit,
Elle vient, poussée,
La Veuve glacée
A travers la nuit.

Et cette coquette
Devant la Roquette
Bientôt s'arrêtant,

S'attife, se pare
Et lente prépare
Son baiser sanglant.

Sans que rien l'émeuve
La voici, la Veuve,
Dans tous ses atours,
Tandis que la foule
A l'entour se foule
En hurlant toujours.

L'aurore est venue
Enfin, et la nue
A tous les regards,
Comme un ciel polaire
Lentement s'éclaire
De rayons blafards.

C'est l'heure ! La porte
S'ouvre et sous escorte
L'amant, sur le seuil,
Apparaît plus blême
Qu'un cadavre même
Dans son blanc linceul.

Très lent il avance,
Partout le silence
Devient sépulcral,
Et comme il frissonne
La Veuve lui donne
Le baiser fatal.

La cérémonie
Lugubre est finie ;
Tout a disparu.
Et sans bruit la foule
Contente s'écoule,
Sous le jour accru.

# COUCHER DE SOLEIL

RONDEL

*A ma mère.*

Le soleil s'abaissait, de sa marche très lente
A travers les vapeurs transparentes du soir,
Et son disque agrandi, rouge, se pouvait voir,
Superbe, s'égrenant en cascade sanglante.

Sur le rouge couchant un nuage tout noir.
En s'éclairant devint couleur de braise ardente,
Et le soleil toujours plus grand se pouvait voir,
Superbe, s'égrenant en cascade sanglante.

Puis tout s'incendia. Comme un vaste miroir
Aux facettes sans nombre ainsi qu'une eau mouvante.

La ville reflétait la voûte incandescente,
Tandis que le soleil de sa marche très lente
Se noyait doucement dans les vapeurs du soir.

# DIMANCHE DE JUILLET

### A PARIS

C'est dimanche. Le ciel de rayons d'or ruisselle.
Jour de fête où Paris, comme s'il tressaillait
D'une joie inconnue, ardente, universelle,
Déborde aux alentours où tout brille, étincelle
    Au soleil de juillet.

    Par mille avenues
    Les foules venues
    Roulent en torrents,
    Cherchant l'air, l'espace,
    Et groupés par masse
    D'amis et parents.

La pelouse est verte
Et toute couverte
D'enfants dont le teint
Est vif, frais et rose
Comme fleur éclose
Du dernier matin;

Tandis que sans nombre
Au fond du bois sombre
Les amants, heureux
D'être en tête à tête,
Sous l'ombre discrète
S'en vont deux à deux.

Ailleurs à rien faire
Quelque solitaire,
Le regard perdu,
Doucement s'oublie
Dans sa rêverie,
Sur l'herbe étendu.

Chacun s'abandonne
Et d'aise frissonne
Sous le ciel d'azur,

Et sent tout son être
Promptement renaître
Dans l'air libre et pur.


C'est dimanche. Le ciel de rayons d'or ruisselle.
Jour de fête où Paris, comme s'il tressaillait
D'une joie inconnue, ardente, universelle,
Déborde aux alentours où tout brille, étincelle
Au soleil de juillet.


Voyez-les dans les guinguettes
S'esbaudir, boire, chanter ;
Les têtes, chapeaux, casquettes,
Les bouteilles se heurter.
Hommes, femmes, tous ensemble,
Enfants, filles et garçons,
Faire un tel bruit que tout tremble,
Bruit de verre, de chansons.


Sous le vert berceau de lierre
Sont les autres, les bourgeois.
Ici coule à flots la bière
Blanche, brune ou blonde, au choix.

Ici, repos et silence,
Et lourde placidité ;
C'est l'effet de l'opulence
Et de la prospérité.


Dans un recoin, les artistes
En un groupe se sont mis.
Ils ne sont ni gais, ni tristes,
Ils devisent en amis,
Sur la chance ou le déboire
Eprouvés dernièrement,
Car le chemin de la gloire
N'est, on sait, qu'un long tourment.


Sur les rives du lac, à la vague insensible,
  S'avance avec lenteur,
Le long des verts massifs, calme, grave impassible,
  L'élégant promeneur.


Il s'arrête, il repart, et, sans hâte, il regarde
  La verdure, le ciel,
Se repose un moment, ou salue, ou s'attarde.
  Auprès de tel ou tel ;

Pendant que tout le long de l'immense avenue
      Vont passants, repassants
Et refaisant vingt fois la route parcourue
      Les carosses luisants :

C'est Paris fortuné qui roule et se délasse
      Paris aux millions
Qui, fatigué de tout, cherche, en changeant de place,
      Quelques distractions.

C'est dimanche ! Le ciel de rayons d'or ruisselle.
Jour de fête où Paris, comme s'il tressaillait
D'une joie inconnue, ardente, universelle,
Déborde aux alentours où tout brille, étincelle
      Au soleil de juillet.

# LE MARCHAND DE COCO

### RONDEL

*A M. Paul Bourget.*

Petit tocsin, petit grelot
Qui tinte, tinte et qui grelotte!
Qui veut du coco, du coco,
Un sou, c'est pas cher, saprr'lote

Un enfant accourt aussitôt
Vers le marchand, et trotte et trotte...
Petit tocsin, petit grelot
Qui tinte, tinte et qui grelotte.

L'enfant rose tend sa menotte
Et vide un verre tout de go.

Et le placide camelot
S'en va chantant sa même note :
Qui veut du coco, du coco
Un sou, c'est pas cher, saprr'lote.

# LES PÊCHEURS A LA LIGNE

## AU PARVIS NOTRE-DAME

### RONDEL

*A M. Philippe Gille.*

Ils sont tous là, muets, comme des blocs de glace
Le regard vague et creux fixé sur l'eau qui dort.
Un souffle tout à coup de l'eau ride la face :
Très ému le pêcheur croit que le poisson mord.

A ce souffle léger qui sur le fleuve passe
Le liège s'agite et tremblote très fort.
Frissonnant le pêcheur croit que le poisson mord.

Cette ondulation courant de place en place
Fait ainsi que le vent du large dans le port.

Puis insensiblement le mouvement s'efface
Et tout rentre bientôt en un calme de mort.
Et tous sont là muets, comme des blocs de glace,
Le regard vague et creux fixé sur l'eau qui dort.

# LE CRIEUR DE LA RUE


Que j'ai de plaisir à l'entendre
Ce cri si constamment pareil,
Quand il vient soudain me surprendre
Plongé dans mon demi-sommeil.

C'est le jour après l'heure sombre,
C'est la lumière après la nuit ;
Après la tristesse, après l'ombre,
C'est le riant soleil qui luit.

Sans m'éveiller je connais l'heure,
Car c'est chaque jour, lentement,
Qu'il passe devant ma demeure,
Ce crieur, au même moment.

Il n'est pas seul. La matinée
Est pleine de cent cris perçants,
La fin même de la journée
En entend les derniers accents.

Mais c'est lui, je n'en sais la cause,
Que j'ai remarqué, parmi tous,
Sa voix sans doute a quelque chose
De plus sonore ou de plus doux.

Ou bien est-ce une fantaisie,
Un caprice de mon esprit,
Qui se livre à la poésie
A l'heure où ce chant retentit.

Peut-être qu'au fond de mon âme
Quelque souvenir d'autrefois,
Renait, se ravive, s'enflamme
Au son de cette étrange voix.

Je ne sais, mais sous ma fenêtre
S'il ne passait plus, le matin,
Je sentirais dans tout mon être
Comme un étonnement soudain.

Il me manquerait quelque chose
Je serais tout dépaysé.
Chante donc, ton chant me repose,
Ce chant pour moi poétisé.

# LE PETIT ACROBATE

Quand je le vis dans le manège
Tel qu'une anguille se mouvoir,
Le visage blanc comme neige
Par endroits tacheté de noir ;

Véritable polichinelle
Bondissant et gesticulant,
Plus vif que la vive gazelle,
Plus prompt que le rapide élan,

Assoupli comme une Morgate,
Je me pris à douter soudain
Si c'était un simple automate
Ou si c'était un être humain.

Au jour, dans ce même manège,
Je vins conduit par le hasard,
Je l'ai revu l'enfant de neige,
Mais triste, mais simple et sans fard.

De son ciel, des siens, sans mystère
J'aurais voulu qu'il me parlât,
Mais aux premiers mots, jusqu'à terre,
Une grosse larme roula.

De lui je m'éloignai sans hâte,
Triste aussi, rêveur, me disant
Qu'il n'était pas un automate,
Le petit clown, le pauvre enfant.

## SOLILOQUE D'UN IVRE-MORT

J'étais vivant et je suis mort.
Je suis mort, là dans cette rue
En tombant sur la pierre drue,
    Et tombant très fort.

J'étais vivant, et j'étais ivre,
Ivre de soleil, ivre d'air
Et je suis mort, dans un éclair,
    Ivre de vivre.

Je suis mort. C'est vrai pourtant. Quoi !
Le temps de suriner un verre
Et me voici déjà sous terre
    Sans savoir pourquoi.

## SOLILOQUE D'UN IVRE-MORT

J'étais vivant. Est-ce possible ?
Brusquement disparaître ainsi !
Les vers me mangent par ici,
    Ah ! c'est horrible.

Je suis mort. Tant mieux, pauvre chien !
Maintenant attends qu'on te sorte.
Tu devais crever de la sorte,
    Tu le sais bien.

J'étais vivant. Etait-ce un rêve ?
Ai-je rêvé que je vivais ?
Mais oui, sans doute, je rêvais
Et voici la nuit qui s'achève.

Je veux, je veux rêver toujours,
Je veux demeurer sous la terre.
Rendez-moi mon vin et mon verre,
    Mes seules amours.

# LE RÉGIMENT

### RONDEL

Il s'avance clairon en tête,
Il va passer, le régiment.
Rien qu'à le voir on est en fête,
Comme il marche superbement.

Au son du cuivre, au roulement
Des tambours, on rêve conquête
Rien qu'à le voir on est en fête
Comme il marche superbement.

En présence de l'Allemand,
Au jour sanglant de sa défaite,

Oh ! c'est alors que fièrement
Elle sonnera, la trompette.
Il s'avance, clairons en tête,
Il est passé, le régiment.

# CARREFOUR DES ÉCRASÉS

Elle tombe serrée et très fine la pluie ;
Et la foule qui passe et repasse toujours,
Et vendeurs ambulants et fiacres lents et lourds
Ont rendu les pavés boueux d'un noir de suie.

C'est un perpétuel remous de peuple, un flot
Qui sur les longs trottoirs pousse et sans fin s'allonge,
Immense va-et-vient dans lequel chacun songe
A son idée, au but qu'il atteindra bientôt.

Et c'est sur la chaussée un roulement sonore,
Roulement continu, d'abord sourde rumeur,
Bruit de vague qui monte et qui se brise et meurt
Et qui renaît toujours et recommence encore.

Par instants, précédé de cris multipliés
De brusques mouvements, d'une poussée énorme,
Paraît, monstre roulant, imposant et difforme
L'omnibus colossal, aux décors variés.

De ce crépitement confus parfois s'élance,
Perçant le bruit, l'appel suraigu, déchirant
De quelque maraîchère en quête de chaland
Et dont les forts poumons disent la corpulence.

Livre vivant, mouvant musée où l'on voit tout,
Toutes professions, toutes gens, tout visage,
Heureux et malheureux et tout sexe et tout âge,
C'est le sang de Paris qui circule et qui bout.

Et sans cesse elle tombe et très fine la pluie ;
Et la foule qui passe et repasse toujours,
Et vendeurs ambulants et fiacres lents et lourds
Ont rendu les pavés boueux d'un noir de suie.

# SAINT-MANDÉ!

Saint-Mandé! Saint-Mandé! Quel nom de cimetière!
Ce nom sonore et doux résonne comme un glas,
Lui qui nous rappelait la saison printanière,
Les bosquets amoureux et les pimpants lilas.

Avez-vous entendu, troublant les bruits de fête,
Ces hoquets de douleur, sinistres dans la nuit,
Comme on entend parfois, quand l'ouragan s'apprête
Un cri d'agonisant dans la foudre qui luit?

Avez-vous entendu? Dieu! quels appels funèbres
Arrachant les hibous du fond de leurs abris
Les ont fait s'élancer soudain dans les ténèbres
Et saluer la mort de leurs lugubres cris!

Qu'ai-je vu ? Rêve affreux de douleurs innomées,
De parents et d'amis les corps entrelacés,
Des frères et des sœurs, faces inanimées
Aux rictus grimaçants que la mort a glacés.

Et, quand un voile noir eut tout fait disparaître,
Qu'un sépulcral silence eut plané sur ce deuil,
J'eus comme un nouveau songe et vis devant le prêtre
Des cadavres rangés en un vaste cercueil.

Et seul, debout, livide et tel qu'un spectre sombre,
Le visage gonflé de ses pleurs retenus,
L'aïeul, devant les morts, épouvanté du nombre,
Cherchant de l'œil les siens dans ces corps inconnus.

Voilà ce que j'ai vu, désespérante image.
Et mon cœur haletant au réveil a crié :
Pour un tel châtiment, quel était donc l'outrage !
Seigneur, répondez-moi, l'homme a-t-il expié ?

    Juillet 1892.

# LE DÉSESPÉRÉ

Il ignore, au réveil, si sa triste journée
Passera sans qu'une âme ait eu pitié de lui.
Et c'est ainsi souvent qu'elle s'est terminée
    Et qu'il a vu finir la nuit.

Il n'attend rien des siens, rien de la destinée ;
    Ses maux, en vain soufferts,
Ont lassé son attente et, d'année en année,
    Ont à ses flancs rivé ses fers.

Il a de l'amitié perdu jusqu'au sens même.
Il ne connaît plus rien de ces moments si doux,
Où l'on reçoit l'aveu de quelqu'un qui vous aime
    Et qui se plait auprès de vous.

De son dernier sommeil, lui rêve la venue,
Il rêve de toucher à son terme fatal,
Car il est assuré que de cette inconnue
      Il ne peut craindre un plus grand mal.

Mais le sort de chacun, nul ne le peut comprendre :
L'un au sein de la joie expire en son berceau,
Tandis qu'un malheureux désire en vain descendre
      A la paix du tombeau.

# TABLE

Au jardin des plantes . . . . . . . . . . . . . . . . . 1
Le cheval de fiacre. . . . . . . . . . . . . . . . . . 6
Les malades aux abattoirs. . . . . . . . . . . . . 8
A la morgue . . . . . . . . . . . . . . . . . . . . . . . 10
C'est un chien mort. . . . . . . . . . . . . . . . . 14
Le marchand de marrons . . . . . . . . . . . . . . 16
Au château-rouge. . . . . . . . . . . . . . . . . . . 19
Sur le Pont-Royal. . . . . . . . . . . . . . . . . . . 23
Le Gavroche . . . . . . . . . . . . . . . . . . . . . . 25
Une cour d'assises.. . . . . . . . . . . . . . . . . 28
Une exécution capitale.. . . . . . . . . . . . . . 30
Coucher de soleil. . . . . . . . . . . . . . . . . . . 36
Dimanche de juillet à Paris . . . . . . . . . . . 38
Le marchand de coco . . . . . . . . . . . . . . . . 43
Les pêcheurs à la ligne au parvis Notre-Dame. . . 45
Le crieur de la rue . . . . . . . . . . . . . . . . . . 47
Le petit acrobate . . . . . . . . . . . . . . . . . . . 50
Soliloque d'un ivre-mort. . . . . . . . . . . . . . 52

## TABLE

Le régiment. . . . . . . . . . . . . . . . . . . . . . . 54
Carrefour des écrasés . . . . . . . . . . . . . . . . 56
Saint-Mandé ! . . . . . . . . . . . . . . . . . . . . . 58
Le désespéré . . . . . . . . . . . . . . . . . . . . . 60

ÉVREUX, IMPRIMERIE DE CHARLES HÉRISSEY

Librairie LÉON VANIER, 19, quai Saint-Michel, Paris

*Envoi franco contre timbres-poste ou mandat.*

PLAQUETTES DE LUXE, VOLUMES DE VERS TIRÉS A PETIT NOMBRE
CURIOSITÉS LITTÉRAIRES

## NOUVEAUTÉS

### EDOUARD DE PERRODIL
Les Echos, poésies. . . . . . . . . . . 3

### JACQUES BIZE
Choses de Chez Nous, poésies. . . . . . . . 3

### PAUL VERLAINE
Liturgies intimes. . . . . . . . . . . 3

### CHARLES MORICE
Du Sens religieux de la Poésie. . . . . . . 2
Chérubin, 3 actes . . . . . . . . . . 2 50

### RAPHAEL DAMEDOR
Les Mélancolies, sonnets . . . . . . . . . 2

### SUARÈS
Les Pèlerins d'Emmaüs, poème . . . . . . . 3

### LUCIEN HUBERT
Missel pour les Jolies Païennes . . . . . . . 1

### FRANÇOIS COULON
Euryalthès, drame en trois actes (essai de rénovation
  théâtrale). . . . . . . . . . . . 3 50

### ETIENNE MONDORÉ
Tumultes, poésies . . . . . . . . . . 1

### EMILE PONTICH
Notes sur la Vie, pensées . . . . . . . . 1

### L. FOURNIER
Echos et Fredons, chansons . . . . . . . . 3

### EMILE BOISSIER
Dame Mélancolie, poésies et proses rythmées, préface
  de Paul VERLAINE . . . . . . . . . 1

### MÉLANIE BOUROTTE
Echos des Bois, poésies. . . . . . . . . 3

### JOSEPH MARION
Poème de l'Ame . . . . . . . . . . 3

ÉVREUX, IMPRIMERIE DE CHARLES HÉRISSEY

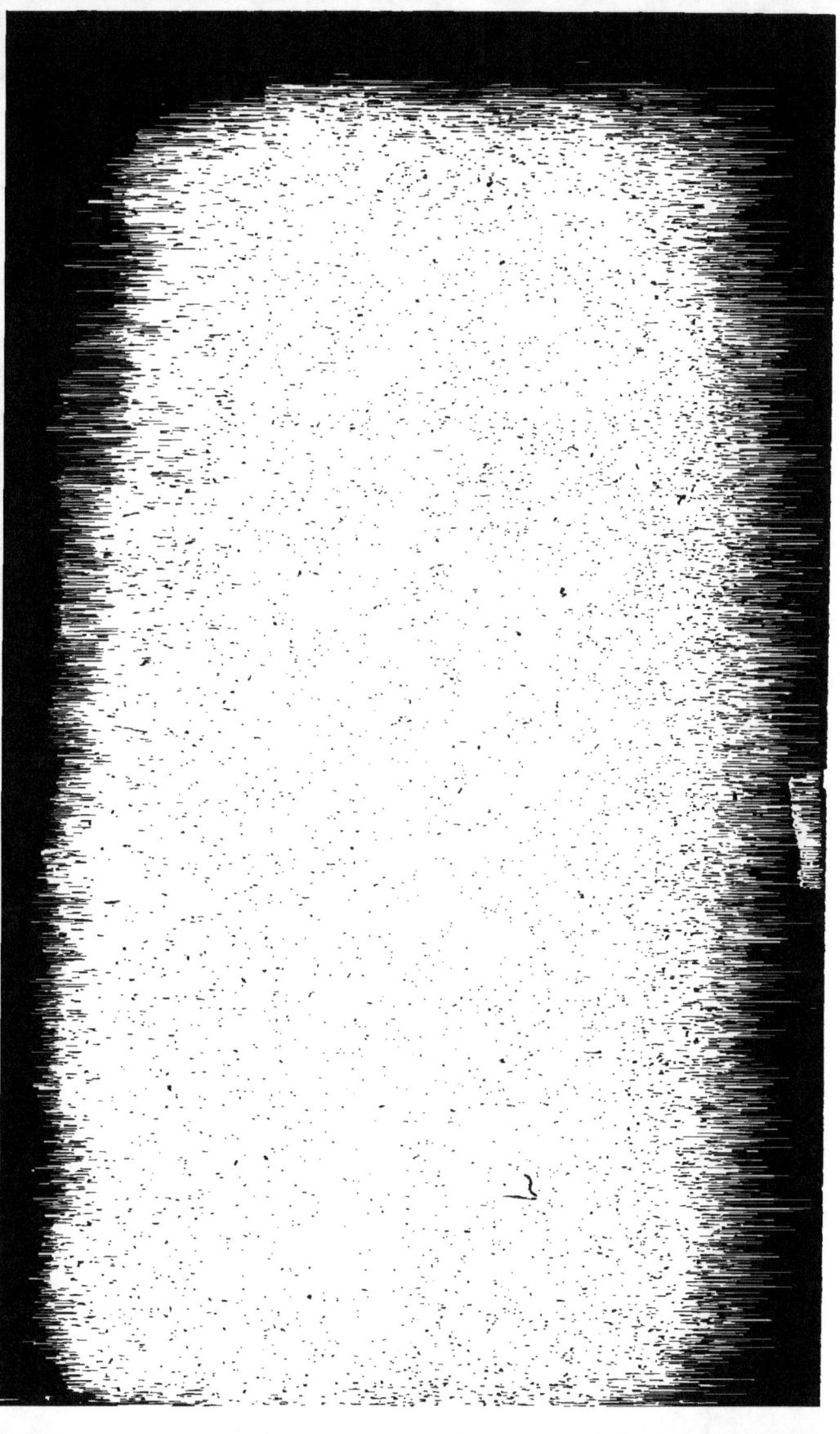

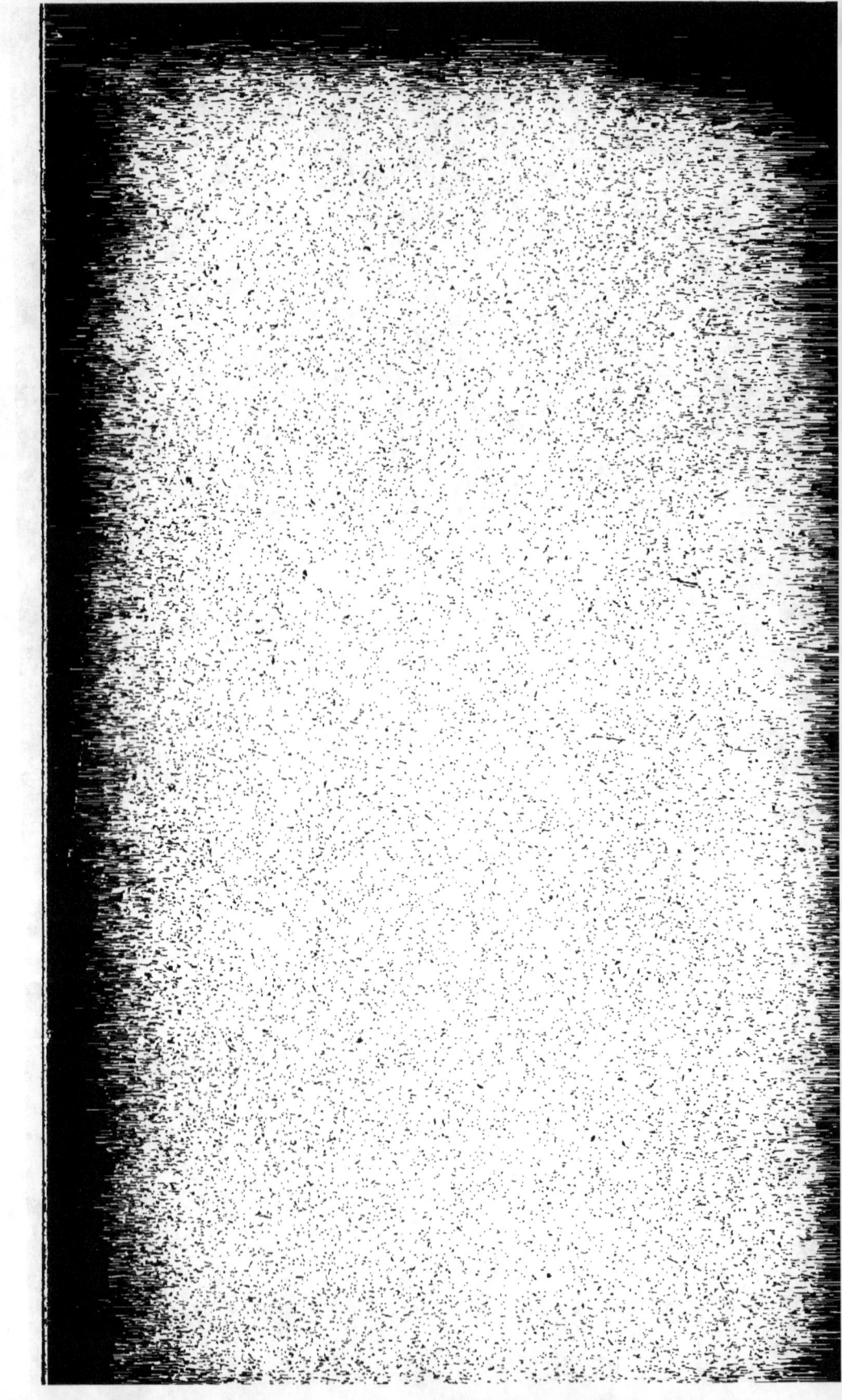

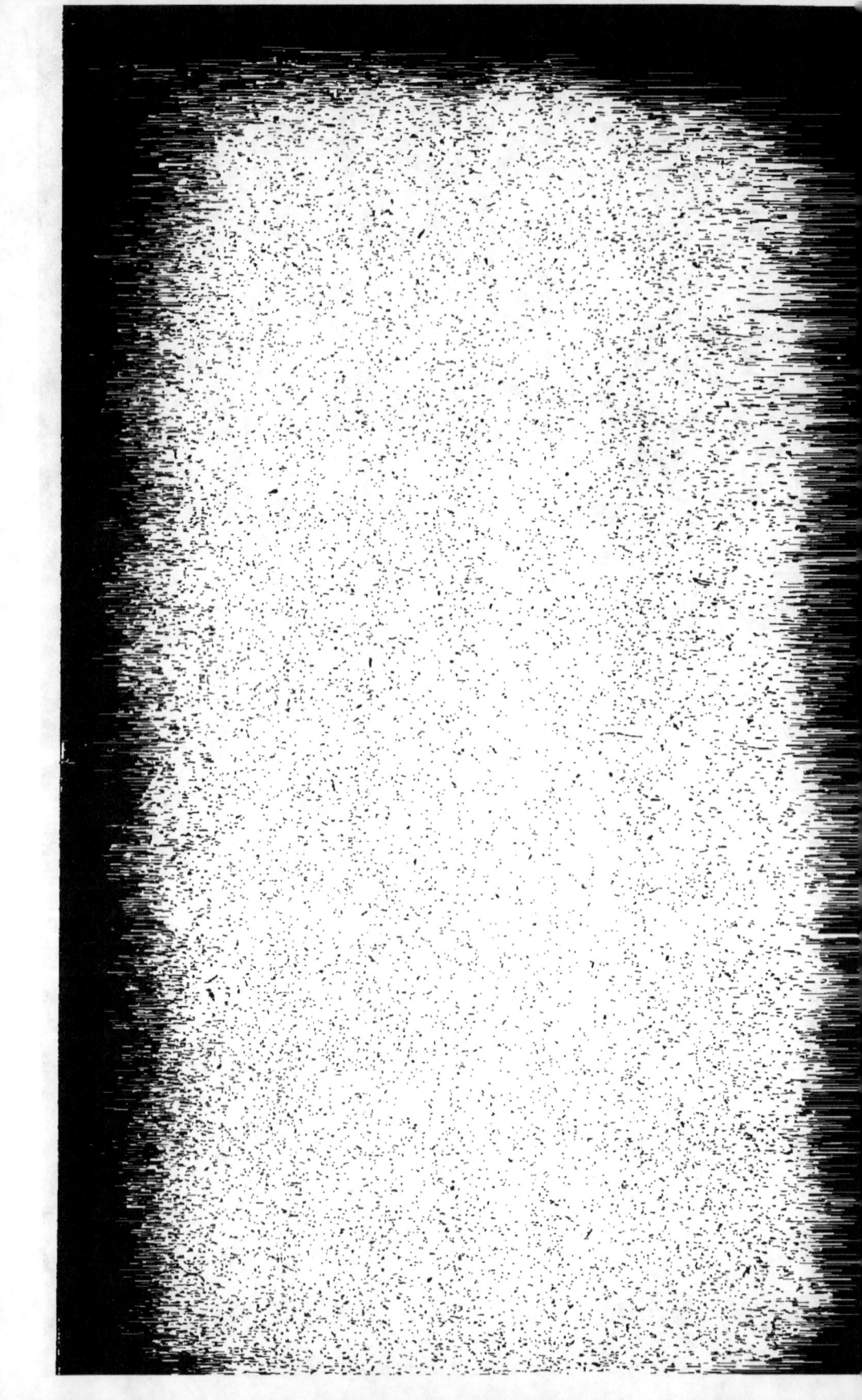

www.ingramcontent.com/pod-product-compliance
Lightning Source LLC
LaVergne TN
LVHW020953090426
835512LV00009B/1869